O AMOR NÃO PRESTA PARA NADA

O AMOR NÃO PRESTA PARA NADA

ANA ESTERQUE

LETRAMENTO

Editor
Gustavo Abreu

Revisão
Beth Cury

Capa, Projeto Gráfico e Diagramação
Luís Otávio Ferreira

Referência para citação
ESTERQUE, A. O amor não presta para nada.
Belo Horizonte(MG): Letramento, 2017.

Dados Internacionais de Catalogação na Publicação (CIP)
Bibliotecária Juliana Farias Motta CRB7- 5880

E797a Esterque, Ana
O amor não presta para nada / Ana Esterque. --
Belo Horizonte(MG): Letramento, 2017.
96 p.: .; 21 cm.
ISBN: 978-85-9530-015-6
Original de alguns textos publicados em
redes sociais (Facebook), 2015.
1.Literatura brasileira - Miscelânia.2. Contos
brasileiros.3. Crônicas brasileras.I. Título.
CDD B869.8

Grupo Editorial Letramento

Belo Horizonte - MG
Rua Cláudio Manoel, 713
Funcionários
CEP 30140-100
Fone 31 3327-5771
contato@editoraletramento.com.br
www.editoraletramento.com.br
www.casadodireito.com

SUMÁRIO

7

O AMOR NÃO PRESTA PARA NADA

O amor não presta para nada. Na verdade, amor é ótimo, mas como sentimento estático, paralisado, não presta mesmo para nada.

Amor bom é o sentimento que vem com engenharia mecânica. É motorizado. Seja lá que tipo de motor e combustível que fazem toda a engenhoca funcionar.

O amor, quando movido a motor, constrói e tem utilidade. É o amor que conversa preparando a comida e se senta na hora do jantar olhando nos olhos. É o amor companheiro, parceiro. É o que lembra o outro de tomar o remédio. É o que chama a atenção quando o outro se distrai. É o que chama *pra conversar*.

E é o que discute também, por que não?

O amor que diz *eu te amo* e cruza os braços é amor estático: não se move, não faz *vrumm*, não dá a partida mesmo que seja consistente o sentimento.

Amor bom é aquele que troca ideias, defende opiniões, que protege e nutre. É o que faz planos para um, dois, dez anos. É o que concilia a compra do mercado com um bilhetinho. E, para isso, há que se ter energia motora. Dá muito trabalho mesmo: não é qualquer um que dá conta da engenharia mecânica do amor. Logo se vê pela quantidade de gente infeliz ou de gente cobiçando o relacionamento alheio.

Quem vive o amor motorizado aprende rápido muitas funções. Torna-se, então, equilibrista, malabarista, mecânico, montador de móveis, enfermeiro, técnico em logística, cozinheiro, filósofo, poeta.

Sim, é preciso entender de poesia quando se escolhe pilotar o amor, pois é preciso enxergar além, entender de métrica, síntese e ter vasto vocabulário. E quando a paisagem não está bonita há que se extrair poesia de qualquer lugar.

Amor motorizado não pode parar, a não ser que seja para manutenção. Estaciona, troca peças, coloca óleo e volta em seguida a trabalhar. Se demora muito na oficina, esfria em demasia o motor.

E aí tem que contar que vai pegar no tranco. E se não pegar?

Coloca-se combustível, dá-se a partida e *vrumm* na máquina do amor.

Caso contrário, senta-se em um banco para um contemplar solitário do que as pessoas chamam de amor.

Oração

Eu amo você: oração reta e precisa,
cujo sujeito EU está enlaçado ao objeto
VOCÊ na tênue linha do verbo amar.

E eu nunca tive um objeto
tão direto quanto você.

O

AMOR

O AMOR

Amor de pai, de mãe, de filhos; amor romântico, de amizade, de bichos; amor de si mesmo... Não importa o objeto amado.

O amor está sujeito à ação do tempo, das circunstâncias e dos desejos e, por isso, requer um dia após o outro durante toda a vida para que um dia, talvez, seja minimamente compreendido.

Ele é amplo, multifacetado. Sempre há lacunas dormentes, que ficam à espreita, como armadilhas, pois o amor mistura-se a tudo o que há de menos sublime no ser humano: A vaidade, o orgulho, as frustrações, a inveja, a competição.

Não é apego, controle, paixão. Mas não adianta, seguimos colocando tudo no mesmo balaio e chamamos de amor.

O amor, que tem suas exigências, sente e ressente os golpes que nele damos. Balança a cabeça, mostra-nos o desamor, que é o amor ao contrário.

O amar e o desamar são como um pêndulo em constante movimento.

O amor não presta mesmo, sobretudo aos preguiçosos. É necessário dar sentido ao ato de amar. É trabalho constante!

Somos, por fim, todos amadores no ofício de amar.

15

A ESTÁTUA

– Vem ver, vem ver! Olha que linda a estátua que eu comprei agora à tarde!

E o marido, mal pisando dentro de casa, foi puxado pelo braço até a sala. Olhou para a mesa de centro: a estátua, imóvel, em pose egípcia adornava a sala.

– Linda, querida! A estátua mais linda que eu já vi. Custou muito caro?

– Uma fortuna! Mas é uma obra de arte! Uma raridade mesmo.

E a estátua, disfarçadamente, abriu um olho, bem devagarinho. Prestou atenção na mãe, que fez um sinal risonho, como quem diz "fica quieta, ele está acreditando".

– Ah, mas foi uma ótima compra. Se eu tivesse outra filha queria que ela fosse igualzinha a essa estátua. Falando nisso, onde está nossa menina?

– Lá em cima, no quarto. Já foi dormir.

O pai chegou mais perto da estátua, olhou bem para aquele corpinho em miniatura que se esforçava para não se mexer. Sorriu, piscou para a mulher.

– Então vamos jantar.

E foram para a cozinha deixando a estátua sozinha.

Dez minutos depois, num súbito incontrolável de ansiedade, a estátua saiu da mesa e foi correndo para a cozinha. Pulou no colo do pai, que forjou uma cara de espanto, abraçou forte seu pescoço e perguntou bem baixinho: *Pai, sério mesmo que você não viu que era eu?*

ONDE ELA ESTÁ?

Bento era o passarinho da família. Fora capturado ainda jovem enquanto gozava de seus primeiros voos.

A questão era que o avô, por total ignorância, achava bonito ter na varanda um passarinho colorido na gaiola.

Bento sofrera imenso choque no dia de sua captura e, em choque, permaneceu nos meses subsequentes. De um dia para o outro estava enjaulado, comendo alpiste e pulando de vareta em vareta.

O avô conversava com Bento várias vezes ao dia: "Canta, Bentinho, canta pro papai!". E nada de canto saía daquele bico entristecido.

Muito tempo depois, Bento começou a cantar. Era um canto triste, de lamento, de desgosto. O passarinho via no cantarolar a maneira de não enlouquecer, aprisionado na gaiola.

A família ficou alegre, em especial o avô, que passava as tardes contemplando Bento em seu triste canto.

Marcelo, o neto menor, começava a ter consciência de si e do mundo. Criança sensível e intuitiva, era o único da família a não enxergar beleza no cantar de Bento.

O menino sabia que a linda melodia era apenas o lamento do passarinho.

O avô, que já tinha bastante idade, passou a ficar mais na cama do que na varanda. O neto, cada vez mais esperto, teve uma ideia: deixar a gaiola aberta para que Bento fugisse.

E quantos dias e quantas noites aquela gaiola esteve aberta sob o olhar atento de Marcelo!

Além disso, o menino, inúmeras vezes, levava Bento para o quintal, acolhido em seus dedos para que voasse para longe.

Bento sempre voltava à gaiola para seguir cantando, mas já era um passarinho entorpecido com a própria melodia que entoava. Cantar, recurso para não enlouquecer, tornou-se a própria loucura de Bento.

O tempo passou. Bento morreu no mesmo ano em que o avô. O neto quase adoeceu de tristeza.

Marcelo cresceu, esqueceu, tornou-se rapaz.

Anos depois, seguindo o chamado da alma, ingressou na residência em psiquiatria. Naquele dia, estava em conversa com seu professor e amigo:

– Doutor Eduardo, a paciente não apresenta melhora mesmo após meses de tratamento. Segue em quadro depressivo, que ela própria nega. Mostra-se alegre e ativa, mas o olhar e as atitudes mostram claramente o que se passa por dentro. Quer, inclusive, alta da medicação. O senhor sabe como é.

– A paciente já foi encaminhada ao tratamento psicoterápico, doutor Marcelo?

– Já chegou aqui em tratamento psicoterápico com um colega nosso.

– Siga com a medicação e não espere uma melhora rápida; entretanto, mantenha a esperança.

– Mas e se mudássemos a medicação?

– Tente, se assim achar adequado, doutor Eduardo, mas não surtirá o efeito desejado por nós.

Marcelo estava agoniado, não entendia o que se passava com a paciente mesmo com todo o seu esforço para ajudá-la. Doutor Eduardo, com sua profunda compreensão da psiquiatria e da vida, apoiou a mão no ombro do jovem médico:

– Anafranil, Amitryl, Prozac, Lexapro, Zoloft, Verotina, Lexotan, Valium... quaisquer remédios ajudarão, mas não vão tirar a paciente de onde ela está se ela não quiser.

Marcelo seguiu sem compreender, apresentando susto nos olhos. Eduardo continuou:

– Psicoterapia, tratamentos holísticos, retiros espirituais, meditação e tudo o que já comprovamos como métodos eficientes também não vão tirar a paciente de onde ela está se ela não quiser.

– E onde ela está, afinal, doutor Eduardo?

– Em sua prisão psíquica, doutor Marcelo. Podemos fazer de tudo, mas se a pessoa não quer sair de sua prisão psíquica, não sairá.

Marcelo fechou os olhos e o passarinho Bento, após anos e anos, cantou em sua memória.

– Prisão psíquica, doutor?

E o professor fez um sinal afirmativo com a cabeça, demonstrando pesar.

A prisão psíquica a que todos nós estamos sujeitos quando nos inebriamos com o próprio canto. Podemos chegar ao ponto de não perceber que a gaiola está aberta, pensou Marcelo em sua aprendizagem.

A melhor viagem é aquela que fazemos para dentro de nós.

MARIA OU QUANDO DEUS SORRI

Maria cometera erros.

Um dia, exaurida pelo sofrimento causado pelos enganos pretéritos, decidiu ir ao encontro de Deus.

Na igreja, o padre rezou o perdão, encorajando a paróquia a perdoar ao próximo.

O pastor discursou: todos concordavam o quão difícil é perdoar ao vizinho.

No centro espírita, o palestrante discorreu sobre o tema, e os ouvintes comentaram sobre o esforço em perdoar ao irmão.

O monge balançou a cabeça em concordância quando alguém balbuciou em seu ouvido sobre a dificuldade em perdoar ao outro.

Ninguém que cruzara o caminho de Maria necessitava do perdão. Maria não tinha semelhantes. Estava só.

Maria deu as costas e seguiu adiante. Tratou de perdoar a si própria.

Deus, então, sorriu.

A MÃO NO OMBRO

Lígia estava só e, além de só, sentia-se em total solidão.

Solidão era sentimento raro àquela mulher, pois aprendera com a vida a desfrutar prazerosamente de sua própria e única companhia quando não havia a presença aprazível de alguém.

Naquela semana, realmente, sentiu uma solidão que há muito não acontecia. Fazia tanto tempo que até demorou a reconhecer que aquele vazio obscuro no peito era solidão.

Foi, então, a um concerto de piano e violoncelo naquela sexta-feira. Escolheu o melhor lugar: terceira fileira do lado direito da plateia.

Durante a primeira parte, envolvida com o impressionismo de Debussy, Ligia pensou: *Deus, como eu queria ter em minha mão uma outra* mão agora!

Mas não houve: dor pungente. Às vezes uma falta dessas provoca efeito anestésico.

Houve, depois, o intervalo de quinze minutos. Aplausos, luzes acendidas, ruídos de corpos que se levantavam das poltronas.

Permaneceu imóvel: pernas cruzadas, olhando – estática – para o palco onde o afinador grisalho verificava o piano.

Virou-se para olhar a plateia quase vazia. Nas duas poltronas logo atrás havia duas senhoras que conversavam em uma língua estrangeira. Sorriram as três entre si para, em seguida, Lígia retornar a atenção ao afinador de piano.

A campainha tocou, as pessoas retornaram aos seus lugares, as luzes, dissipando-se lentamente, formaram uma penumbra. A dupla de músicos retornou ao palco.

Lígia não pensou em solidão. Apenas sentiu, novamente, aquela falta: qualquer mão que se estendesse mesmo que sem qualquer pretensão.

Finda a apresentação, aplaudiu com certo entusiasmo. Olhou para as duas senhoras atrás, que aplaudiam com alegria.

Ainda sentada e recolhendo a bolsa antes de partir, Lígia sentiu algo a pousar em seu ombro. Era a mão?

– A senhora é parente da pianista? – perguntou, em inglês, a senhora sorridente.

Não sou, infelizmente. Por quê? – respondeu Lígia.

– Porque vocês são fisicamente parecidas – disse ternamente mediante a concordância da amiga ao lado.

A conversa não durou mais do que cinco minutos.

Lígia sentiu-se atônita com a mão daquela senhora, a ponto de mal conseguir completar as frases que dizia. Talvez tenha sido o choque da mão estendida em meio à solidão. Sentiu-se petrificada com aquela mão pousada, leve, sobre o ombro.

Deu a Lígia o seu cartão de visitas antes de se despedirem. Ursula Huber: nomeava o cartão.

Lígia voltou para casa caminhando. A primeira coisa que fez ao adentrar o apartamento foi ligar o computador:

Estimada Senhora Huber,

Durante todo o concerto de há pouco, pensei que vivi a última semana completamente solitária. Pensei também que o que eu mais precisava nesses últimos dias era de uma mão que pousasse na minha mão.

Quando a senhora falou comigo, senti-me confusa a ponto de mal conseguir manter um diálogo coerente. Desculpe-me por isso.

Obrigada por estender-me a mão. Obrigada por sua mão em meu ombro. Jamais a esquecerei.

A Senhora Huber segue nos pensamentos de Lígia. Benditas sejam as mãos estendidas em ombros desconhecidos.

Assisti a um documentário sobre os aquedutos da Roma Antiga. Pensei: eu creio no fundo. E é lá no fundo, onde há poeiras e resíduos tão antigos, onde me vejo mais límpida e forte.

LÍQUIDO AZUL

– Você fumou?

– Eu? Eu não!

– Fumou, sim, sinto daqui!

– Verdade: eu fumei.

Houve um silêncio curto de constrangimento.

– Já não falamos sobre isso? Você sabe que não pode, que isso é um veneno pra todo mundo, principalmente pra você.

– É, eu sei.

– Hoje, no almoço, eu contei isso pra Sandra. Ela até achou graça porque eu imitava você escovando os dentes e fazendo bochechos na pia: chacoalhando aquele líquido azul na boca como se eu não fosse perceber que você fumou!

– E ela?

– Ela riu. Nós rimos, aliás.

Imitou, então, o chacoalhar das bochechas em um *chock, chock* frenético, causando risos em ambos.

– Você tem razão. Eu vou me esforçar e parar com isso de vez.

– Que adianta ter razão? Não quero ter razão. Quero que você pare de fumar porque isso faz mal.

– Eu sei que não adianta ter razão. Vou me esforçar pra parar e vou conseguir.

– Acho bom. Se você enfarta de novo como vai ser? Eu é que vou cuidar de você de cama. Não é justo comigo. Parar de fumar é cuidar de mim também.

Coçou a cabeça e fez uma careta discreta. Fumar escondido estava matando a sua dignidade.

– Sabe o que vai me ajudar? Veja se concorda: não vou mais esconder que fumo escondido. Eu finjo que consigo esconder e você finge que acredita. Isso está ficando ridículo.

– Verdade. É ridículo mesmo.

– Ótimo. Agora, quando eu tiver vontade de fumar, eu aviso.

– Mas quando você avisar que está com vontade, eu não vou me calar.

– Não se cale, então.

– Tá certo. Quando isso acontecer, vou falar tudo o que tenho pra falar. Vou reclamar. Te dar pito!

– Não precisa falar nada, então. Me beije, apenas.

– Beijo tira a vontade de fumar?

– Tira!

Olharam-se com amor.

– Tá bom, eu beijo. Na boca?

– Claro, na boca! Com a minha boca na sua eu não fumo!

– Você não presta, mas eu te amo mesmo assim. É por isso que eu faço terapia.

– É nada! Você já fazia terapia antes de me conhecer.

Gargalharam com amor.

– Quer dizer que lavar as mãos, passar perfume e fazer bochechos e gargarejos não adiantam em nada?

– Não, em nada. Eu sei exatamente todas as vezes em que você fuma.

Olhou-a com olhar desconfiado. Sabia mesmo? Todas as vezes, realmente? Pensou nas ocasiões em que voltava, pé ante pé, para o quarto. Ia direto ao banheiro. Lavava as mãos e os braços com sabonete bem perfumado, escovava bem os dentes e fazia uma demorada assepsia com o líquido azul. Bochechava até avermelharem as gengivas; gargarejava até arder a garganta. Arrematava o ritual passando água de colônia pelas orelhas, pescoço e colo.

– Você não dorme, não?

– Durmo, claro! Mas você sabe que tenho o sono leve. Sei quando sai do quarto, quando volta, e vai direto ao banheiro para tentar esconder as provas do crime.

Acariciou, então, o rosto da reclamante, assinando embaixo de todos os crimes cometidos.

Lembrava-se da gôndola do supermercado. Escolhia o líquido de azul mais vivo. Constava, em sua fantasia, que quanto mais azul, mais eficiente. Que engano!

Sorriram. Foram preparar o jantar.

No dia seguinte, buscou o número do SAC do fabricante, pois precisava reivindicar: *Bom dia, senhor. Eu gostaria de fazer uma reclamação. Esse líquido azul que vocês vendem não serve para nada!*

RICARDO VIROU À ESQUERDA

Existem aqueles momentos em que, repentinamente, dá-se a profunda compreensão sobre a essência de algo. É um clarão, um lampejo de lucidez ou, talvez, uma bofetada de consciência, que pode vir branda ou violenta.

Ricardo, Rosa e Bernadete viveram cada um sua bofetada de consciência. Todavia, considerando a palavra demasiadamente violenta, preferiram chamá-la de clique.

Ele – o clique – ocorre de um momento para o outro, sem aviso prévio, apesar de que a alma sempre está preparada para ele horas ou dias antes. *A alma sempre está um pouco à frente do corpo,* explicou Ricardo.

É um susto supremo. E é como se um encantamento etéreo rondasse a pessoa escolhida por alguns minutos. Mas, dependendo da intensidade do clique, a sensação pode perdurar por muito mais tempo.

O clique assusta aos mais novatos. Os maduros impulsionam-se.

Não é explosão: implosão é que é, pois o clique é de dentro e dentro permanece.

O clique fica à espreita, aguardando um momento de distração. Nunca é uma casualidade, mas pode vir acompanhado de uma lembrança ou de algo que se lê ou que se ouve, e que nada tem, necessariamente, de ligação com o momento.

É preciso haver uma conjunção de fatores: preparo psicológico, situação de vida, maturidade, inteligência, necessidade. A vida caminha sempre para o clique, por isso, há que se estar distraidamente atento.

E uma hora o sujeito está andando distraído e clique!

Ricardo estava no carro em meio ao trânsito. No intervalo de uma música e outra houve a implosão do clique: *Meu Deus, como eu amo a Fulana!* E lá foi Ricardo, virando à esquerda – sendo que deveria ter virado à direita – atrás de Fulana.

Rosa estava no supermercado escolhendo um maço de cheiro-verde. Lembrou-se de que o marido detesta cebolinha e, a partir disso, uma enxurrada de lembranças ocorreu. Implosão! Clique! Um mês depois estava com as malas feitas. Ela nunca entendeu o que um maço de cheiro-verde desencadeou em sua alma.

Os estudiosos dizem que o clique vem acompanhado de um fio tênue, praticamente invisível e, de tão fino, quase não é possível senti-lo nas mãos.

Bernadete sonhou algo muito significativo. Acordou com o clique, implodiu-se na cama. Com a descoberta planejou uma mudança brusca na carreira. Um mês depois, esqueceu-se de tudo. Bernadete não percebera o fio do clique.

Ricardo, anos após ter virado à esquerda, aprofundou-se no estudo do clique. *Quando chega o clique, agarre-se no fio apesar da implosão que inebria,* aconselha.

O seu tratado em mecânica quântica, curiosamente termina imperativo assim: *Não se distraia do fio, mesmo que não o enxergue. Não solte, não solte!*

Descobrir-se é ato tão solitário
que, às vezes, é melhor permanecer
na ignorância sobre quem
somos na realidade.

O INESPERADO

O INESPERADO

E quando o amor, de repente, surpreende? Prega-nos uma peça, traz o que não esperamos?

É o susto dado pelo desamor em meio ao amar.

A impaciência, o destempero, a mentirinha inocente, a confiança abalada. Pronto, vê-se o amor assustado, fraco e paralítico, sem saber qual rumo tomar.

Os imaturos de alma tendem a correr; os mais vividos, a arregaçar as mangas para trabalhar.

Aqui o motor no amor se faz imprescindível. É necessário acelerar a máquina para não se estagnar na dor do desamor.

É o amar e o desamar brincando na gangorra da vida a esperar por uma intervenção.

Uma decisão torna-se necessária. Alguns a estendem de modo a ficar por anos no balançar da gangorra. Outros decidem pelo amor; outros tantos, pelo desamor.

Porque os atos de amar e de desamar dependem também da vontade. Muitas vezes é escolha.

E o desamar onde nasce? Ele é mesmo o contrário do amor? Ou seria a luta pelo poder o contrário do amor, fazendo germinar, assim, o desamor?

Os covardes costumam desistir no meio do caminho. Pensar em amor, poder e desamor é desconfortável, dá medo.

E é quando o amor mostra-se cruel, não perdoa. Uma de suas exigências é a bravura.

O amor só presta mesmo aos que têm coragem: A louca coragem de aventurar-se no amar.

AMANDO A MESMA MULHER

É espantoso o que o ciúme pode causar nos seres humanos. Ele pode mesmo levar à loucura, sobretudo quando falamos em pessoas de exacerbada imaginação.

A história que conto é real até uma parte, pelo que sei, pois conheço o seu protagonista. A outra parte soube por meio de um conhecido.

Foi assim:

A namorada de um amigo, o Xavier, ganhara um urso de pelúcia de presente. Desses fofos, rechonchudos, com pinta de bonzinho e confidente. Xavier estava apaixonado e em início de relacionamento, mas o namoro era a distância.

A moça, para fazer uma graça de amor, bateu uma foto abraçada ao urso e dedicou-a a Xavier.

Na foto, via-se a imagem daquela linda moça abraçada ao tal urso, que parecia olhar fixamente para a lente da câmera. O meu amigo, coitado, feroz apaixonado, entrou em uma intensa crise de ciúme, a ponto de não conseguir mais trabalhar. Abria a foto no computador a todo momento, remoendo-se de inveja do bichinho.

Uma tarde, já não aguentando tamanha tortura, armou-se com uma caneta e em uma folha sulfite expurgou na seguinte carta:

Estimado urso,

Ainda não nos conhecemos pessoalmente, mas já noto um certo entrave em nossa relação que, pelo que noto, será duradoura. Minha atenção voltou-se ao seu olhar na foto. Sei que ele é direcionado a mim e isso, creio, você não deve negar.

O seu olhar, um tanto provocativo e desafiador, não me perturba, saiba disso.

Compreendo a sua posição de urso e, inclusive, cheguei a invejá-la um pouco. Sei que você é, por natureza, macio e *gracioso e que por essas qualidades desperta uma vontade grande de abraçá-lo. Sei também que possui consciência plena dessas características afáveis, que são intrínsecas a sua condição de urso e, reconheço, você as utiliza muito bem.*

Sim, o seu olhar irônico, a mim direcionado, demonstra muito bem que é cônscio de suas próprias virtudes. Li em seu semblante frases como: "Veja, Xavier: eu posso abraçá-la agora e você não" e "Ela cheirou o meu pescoço e beijou o meu nariz enquanto você está aí".

Imagino que não negará suas intenções porque suponho dignidade em sua personalidade.

Eu o entendo e afirmo que respeito a sua presença. Se não fosse o fato de minha namorada abraçá-lo com tanto carinho, acredite, não estaria incomodado.

A minha proposta é selar um acordo de paz entre nós dois. Acho que devemos admitir nossas limitações: humana – no meu caso, e de animal, no seu – e convivermos civilizadamente.

Alerto-o também para o fato de que minha distância é temporária e você, certamente, sofrerá com minha aproximação.

Observe as minhas vantagens humanas: eu interajo, faço carinho, pronuncio palavras de amor, entre muitas outras coisas que me fazem uma pessoa muito interessante a ela também.

Visto isso, a minha proposição consiste em amarmos a mesma mulher, pacificamente. (Note: apenas faço essa proposta porque você é um urso inanimado.)

Eu, da minha parte, prometo amá-la de maneira plena e completa todos os dias. Desse modo, os abraços que ela lhe dará na minha ausência serão sempre de amor e tranquilidade, e nunca de tristeza e desalento. Comprometo-me em apoiá-la e incentivá-la em suas conquistas diárias de modo que esteja sempre confiante; assim, as palavras dela a você serão sempre doces. Prometo muitas outras coisas que não cabem em uma conversa entre humano e urso, mas que certamente reverter-se-ão em benefícios a você.

Você poderá cuidar dela, colocá-la para dormir, aconchegar sua cabeça em momentos de tranquilidade e ser o ouvinte atencioso e dedicado de que ela necessita. Será também confidente e amigo leal, companheiro de leitura, de música e de televisor. Receberá muitos abraços e beijos e, estou certo, isso trará felicidade para seu coração de urso.

Por outro lado, na minha presença, peço que fique recluso. Em troca tecerei centenas de elogios a seu respeito e incentivá-la-ei que o afague com frequência quando eu não estiver por perto.

Não gostaria de viver situações de conflito. Acho conveniente entrarmos em um acordo de boa convivência.

Espero que receba esta carta com o espírito aberto para a boa vontade.

Saudações e respeito.

Xavier

A carta serviu de desabafo e alívio. Xavier divertiu-se ao escrevê-la e, quase sem nenhum peso nas costas, colocou-a em um envelope, esquecendo-o em uma das gavetas da escrivaninha.

Caso esquecido e bem resolvido. A vida seguiu tranquila.

Todavia, contaram-me recentemente, que dias depois de a vida seguir tranquila, Xavier, quando chegava em casa depois de um dia atribulado de trabalho, encontrou um bilhete que o esperava sobre a mesa.

Estimado Xavier,

Acordo aceito.

Saudações cordiais,

Urso.

E foi assim que Xavier brigou com a namorada, perdeu a compostura e o emprego, foi acusado de louco, ciumento patológico e acabou seus dias internado em uma clínica psiquiátrica.

E o urso, imagino, deve estar feliz da vida.

A CORAGEM TARDIA

Amanda era uma menina de oito anos que estava na fila para transplante de medula óssea.

Não havia mais tempo sobrando quando, em uma tarde de fevereiro, a mãe da menina recebeu um telefonema do hospital. A notícia não poderia ser melhor: fora identificado um doador cadastrado em uma cidade próxima à da família.

Feitos todos os exames pré-operatórios, a cirurgia liberada e a data marcada, menina e mãe não se continham, tamanha era a ansiedade.

Na manhã do dia do transplante, a equipe médica recebeu um telefonema com a notícia de que o doador desistira. O doador, covardemente, recuou porque teve medo da sala cirúrgica.

Foi uma comoção na região. Família e amigos estavam revoltados, associações em prol de crianças doentes fizeram manifestações em redes sociais, acionaram a imprensa, e tocaram todos ao hospital para entrevistar mãe, filha, médico e enfermeira.

"Eu estou triste que ele tenha desistido porque eu queria viver", desabafou a paciente com sua voz infantil ao microfone da repórter.

Vendo o noticiário enquanto almoçava, o doador comoveu-se em profundidade. Subitamente acometeu-o uma coragem inexplicável – dessa vez, verdadeira – e resolveu, por fim, doar sua medula. Imediatamente ligou para o hospital, comunicando a sua última decisão.

Não imaginava que naquele momento a menina havia recebido o diagnóstico de pneumonia, adquirida devido à precariedade de seu sistema imunológico. O transplante agora teria que ser aguardado até que a menina se recuperasse.

Todos rezaram, acenderam velas, fizeram promessas para que a menina se recuperasse prontamente – e para que o doador não desistisse de novo. A menina soube da decisão do doador em voltar a doar, mas já estava fraca demais para ter esperança.

Amanda morreu quatro dias depois.

O doador, então, adoeceu de culpa e arrependimento. Não se soube mais dele. O caso foi esquecido.

Por qual motivo, às vezes, quando a verdadeira coragem chega, já é tarde demais?

Essa história é real, exceto pela parte de o doador sofrer de culpa e arrependimento. Sem imaginação, a vida pode ficar insuportável.

Sem imaginação a vida
é insuportável.

TRÊS, DOIS, UM

No último dia do ano, Chronos, sentado em seu trono dourado, penteava com os dedos a longa barba branca, aconselhando em mais um dia de audiências.

Um jovem mortal, o trigésimo nono do dia, chegou pontualmente para a sua reunião com o deus do tempo. Após desajeitada reverência, expôs seus questionamentos:

– Ó senhor deus, Chronos, as regras da maratona ainda não estão totalmente claras para mim. Preciso elucidar algumas dúvidas, se me permite.

– Caro mortal, aqui estou para elucidar as tuas dúvidas!

– Durante a corrida, haverá postos para hidratação, descanso, primeiros socorros?

– Sim, durante todo o trajeto há bases de descanso e atendimento. Podes pousar em tantos quantos quiseres.

– Posso, então, parar uma semana inteira?

– Uma, duas, três semanas. Um mês ou meses, se assim quiseres!

– Posso formar parcerias ao longo do trajeto?

– Sim, sempre que desejares. É uma atitude salutar.

– Se um amigo, parente ou amor se machucar, necessitar parar por um tempo maior do que o esperado ou simplesmente abandonar a corrida, devo prosseguir sozinho ou devo acompanhar a pessoa querida?

– Deves fazer o que tua consciência dita. No entanto, lembra-te sempre: não te demores em círculos viciosos!

– Sim, ó deus! E haverá obstáculos durante o trajeto?

– Muitos e em quase todo o percurso! Por princípio, há 365 grandes desafios que são divididos em 12 partes. Os obstáculos são os mais diversos possíveis. Aviso-te: falharás em alguns ou em muitos. A minha advertência a vós, mortais, é que estejais atentos aos dias, que são divididos em horas. Há armadilhas espalhadas aleatoriamente em muitas das horas, minutos e, inclusive, segundos.

– Senhor, como isso é possível? Quem espalha tantos desafios, perigos e armadilhas pelo trajeto?

– Deuses e semideuses fazem reuniões semestrais para o assunto. Coloca-se em pauta a reciclagem dos desafios, perigos e armadilhas. Todas criadas por vós, mortais, ainda na era do *Homo erectus*.

– O senhor participa dessas reuniões semestrais, ó deus Chronos?

– Não, prezado mortal, pois tenho pouco tempo. Entretanto, asseguro-te que tais reuniões são bem frequentadas, sobretudo por Afrodite, Ares e Dionísio.

O jovem mortal, cabisbaixo de desconfiança, coçou a cabeça em uma pausa de pensamento. Após relutar alguns segundos, perguntou a Chronos:

– E eu posso sabotar a corrida dos outros? Posso colocar obstáculos para atrasar o inimigo?

– Sim, certamente. Todavia, recorda-te: cada minuto usado para sabotar o próximo é o mesmo minuto que perdes em tua jornada.

– Deus Chronos, me perdoe se farei uma pergunta rudimentar: não há, então, regras para a corrida?

– Claro que há, pobre mortal! São muitas! A maioria ditada por tua consciência. No entanto, há uma regra específica: ao final terás comigo nova audiência, como agora. Nela, nos olhos terás que me olhar sob a ausência do medo e do pudor.

– Mas, para olhá-lo nos olhos, terei que ganhar a corrida?

– Não, pois não necessariamente há perdedores. A vitória ou a perda habita, principalmente, na consciência do corredor.

– Não há pódio, senhor? Não há primeiro, segundo e terceiro lugares definidos pela ordem de chegada ou pelos deuses?

– Não há pódio! Ganhar ou perder não é uma questão de chegar primeiro, tampouco é definida pelos deuses.

– Deixa ver se entendi, ó Senhor: mesmo quem ganha o primeiro lugar não é laureado? Não há imprensa? Não há fotos em redes sociais?

– Não, pobre mortal! Não há láurea, entrevistas ou autógrafos. Todavia, poderás ostentar-te ou até mesmo forjar vitórias em festas, reuniões e em redes sociais. O alerta dos deuses é que nenhum outro mortal poderá enxergar as verdadeiras vitórias ou fracassos advindos de ti. Apenas tu e as divindades sabem das vitórias e fracassos verdadeiros e, acredita: os deuses sabem guardar segredos.

– O Senhor, deus Chronos, é um deus cruel! Devorador! O Senhor não tem qualquer generosidade!

– A minha generosidade está em expor a vós, mortais, as regras da jornada ou corrida, elucidando dúvidas e alertando quanto aos perigos.

– E depois da corrida?

– Pausar-te-ás com uma bebida isotônica enquanto te preparas para a próxima.

– De quantas corridas terei que participar?

– De tantas quantas combinaste com o Deus Supremo, apesar de não te recordares agora. Ou, talvez, poderás desistir, simplesmente.

– E o que acontece quando chegamos no final de todas as corridas?

– Conduzir-te-ei pela mão a Tânato, a personificação da morte. Ele, por sua vez, carregar-te-á aos braços de Hades, o deus dos mortos.

– Minha nossa, deus do tempo! E o que acontece na presença de Hades quando a vida acaba?

– Desconheço, caro mortal, pois, como deus, jamais experimentei a morte. Se queres saber, arrisca-te!

– E troféu ou medalha? Não há nada que prove que participei das corridas?

– O troféu, meu pobre mortal, estará encravado em tua alma e ninguém o saberá além de mim, de ti e dos demais membros divinos.

Reflexivo, o homem titubeou em meio à confusão de seus pensamentos.

Por fim, decidido, calçou os tênis novos e, curvado diante de Chronos, definiu a própria sentença:

– Estou pronto para a próxima corrida, Senhor. Por favor, faça a contagem regressiva.

Chronos sorriu pela primeira vez na audiência.

Bradou veemente: Três! Dois! Um!

E fogos de artifício queimaram no céu enquanto os mortais davam a largada.

OS EXTRAORDINÁRIOS

Pedro comprara uma muda de macieira para plantar em seu quintal, pois queria terminar a velhice colhendo maçãs.

O vendedor, novato, garantiu: "Dará maçãs extraordinárias!".

Pedro sorriu de leve. Meio amargo, mas sorriu.

O tempo voou, a muda cresceu e da árvore nasceram pêras.

Pêras!

Pedro não se conformou. Amarrou a cara, que já estava completamente enrugada pela idade.

Teimou! Colocou uma cadeira na varanda e de lá ficava olhando, com raiva, a pereira. Raiva! Só de birra mesmo é que olhava a copa deslumbrante da jovem árvore.

A pereira? Ela era frondosa, na flor da idade! Exibia-se parindo peras para todos os lados, atraindo todos os tipos de aves da região.

Pedro jamais provou de seus frutos, pois queria maçãs. Maçãs!

Ali morreu na cadeira, em meio a pássaros, pêras e folhas que se soltavam da copa da árvore.

Enquanto Pedro morria, um grupo de periquitos almoçava: "Que pêras extraordinárias!", comentavam entre uma bicada e outra.

Mas extraordinária mesmo é a teimosia de alguns: a língua de Pedro não conheceu o adocicado daquelas pêras.

Pobre e extraordinário Pedro: de pereiras não nascem maçãs!

O silêncio profundo, às vezes, é a alma discutindo calorosamente com o ego.

DELICADEZA HUMANA

Jorge e Rafael trabalham lado a lado, na mesma função. Jorge é inovador e atua quieto, com afinco. Rafael age menos e o tempo que sobra usa para bajular os superiores. Jorge, um dia, teve uma ideia que representaria uma economia de 10% na compra de material para a empresa. Rafael apropria-se da ideia, apresenta-a em reunião com a diretoria e é promovido a chefe de departamento.

Ninguém fala nada.

Lúcia, moça culta e discreta, era noiva de Ricardo, um jovem executivo de sucesso. Júlia, amiga do casal, um dia começa a trocar mensagens ambíguas com Ricardo. Iludido com as intrigas de Júlia, Ricardo rompe com Lúcia. Júlia fica satisfeita e, por fim, conquista o encantamento de Ricardo.

E ninguém diz nada.

Uma águia sobrevoa o jardim onde estão Rafael, Júlia, Ricardo, Mariana, Luciano e tantos outros em um churrasco da empresa. Todos voltam sua atenção ao céu para assistir, com aflição, a um espetáculo de caça. Há, inclusive, torcida para que a águia se vá.

A águia, após voar em círculos sobre a árvore, dá um voo rasante e agarra dois filhotes de passarinho, de uma só vez, que estavam quietos num ninho.

Todos exclamam em demonstração de horror.

Afinal de contas, a truculência da vida mostra-se deveras violenta para a delicadeza humana.

ACHADOS E PERDIDOS

– Boa tarde, em que posso ajudar?

– Boa tarde. Há um mês mais ou menos perdi a minha amiga. Já tentei encontrá-la em tudo que é lugar. Aí tive a ideia de vir aqui como último recurso.

– Hum, sei. Onde a perdeu?

– Não sei bem, pois falávamos via internet. Depois mandei várias outras mensagens e não obtive resposta.

– E quando foi a última vez em que a viu pessoalmente?

– Há quatro meses mais ou menos quando fomos à praia.

– Sei. A senhora falava que a perdeu conversando pela internet. Mas será que ela recebeu suas mensagens?

– Recebeu, sim. Tem dois risquinhos azuis em tudo o que enviei – e olha que enviei mensagens quase todos os dias! Ela leu, mas não me responde.

– Senhora, não sei se ela pode estar aqui. Todos os dias chegam dezenas de coisas e pessoas perdidas. Deixe-me olhar o sistema.

O funcionário tecla no computador, buscando tudo o que havia chegado durante o último mês.

– Como ela é fisicamente?

– Alta, meio cheinha e muito elegante. Cabelos castanhos bem claros, médios e ondulados. Olhos quase verdes. Tem seus quarenta e poucos anos e aparenta isso mesmo.

– Não, não. Não bate em nada com o que tenho aqui. Tem uma mulher de seus sessenta e é baixa: não pode ser. Tem também dois homens e o restante é tudo objeto mesmo. Preciso de mais dados, senhora, quem sabe assim não poderia identificá-la no sistema.

– Não sei o que eu poderia falar para ajudá-lo. Nos últimos cinco anos, estivemos muito presentes na vida uma da outra. Ela é supercompanheira e divertida. Um pouco sentimental também, é verdade. Nos falamos quase todos os dias.

– Hum. Companheira, divertida e sentimental. Não, senhora, realmente não bate com nada do que eu tenho aqui.

Mesmo muito constrangida por estar no Achados e Perdidos, a mulher insiste:

– Não teria uma unidade do serviço especializada no meu caso? Quem sabe em um outro balcão de atendimento.

– Pois é, eu entendo, pois a senhora não é o primeiro caso assim que eu atendo. Mas quem sabe não se perdeu apenas a conexão? Da última vez vocês estavam *on-line*, não estavam?

– Sim, mas não tem nada a ver com conexão, meu senhor. Estávamos falando e de repente ela não me respondeu mais. E não responde, não me atende, nunca está, entende?

– Entendo. E sobre o que falavam quando a perdeu? Se não for inconveniente perguntar...

– Não, não é inconveniente. Falávamos sobre nós. Eu contava sobre algumas mudanças na minha vida, se não me engano.

– Mudanças pra melhor ou pra pior?

– Pra melhor. Mudei de emprego, mudei de casa, mudei de amor.

– A senhora anda mais feliz, então?

– Sim, bastante, apesar da sensação de insegurança. É isso! Justamente falava com ela sobre alguma insegurança, sabe?

O homem, então, pede um momento para telefonar a outro setor. Troca palavras enquanto se abaixa buscando algo na gaveta. A mulher não consegue entender a sua fala apesar do discreto esforço que fazia.

– Olha, minha senhora, acabei de falar com o meu supervisor. Definitivamente o seu não é o único caso, se é que isso traz algum conforto. Talvez encontre a sua amiga no Achados e Perdidos Municipal, mas não sei.

– Não sabe? Como assim?

– Casos assim, geralmente, não são encontrados em Achados e Perdidos. Já tentou no passado?

– Passado? Que passado?

– No passado da sua vida, senhora. Não é lá que está a sua amiga, pelo que me contou?

– Mas eu estou no presente, senhor. Como vou voltar no tempo?

– Deixando o seu presente, senhora. Volte ao emprego anterior, à casa de antes, ao amor de ontem. Quem sabe... é uma tentativa a se considerar.

A mulher fechou os olhos, pensou, suspirou. Ligou pontos e conversas do último ano com a amiga. Compreendeu.

– A senhora quer o endereço do Achados e Perdidos do Município?

– Não, não precisa. Muito obrigada.

Despediu-se com tristeza. Tristeza pela amiga, não pelo presente. É que na balança da vida há que prevalecer o tempo de agora.

Lua de Sangue: dormi, não vi.
Quando abri os olhos, enviei a
mensagem: Deu pra ver a lua ontem?"

O amigo respondeu: "Deu,
entre nuvens, mas deu".

Sem óculos e longe de despertar, li:
"Deus, entre nuvens, mas deus".

E transluziu-se o dia, por entre
nuvens, com mais dois esses de Deus.

O SILÊNCIO

O SILÊNCIO

E quando o amor sucumbe à disputa de poder, ou melhor, ao desamor?

É ferimento, rompimento, quebra e estilhaços entornados por aí.

É possível recolher os pedaços, colar, martelar, parafusar, mas nem sempre o amor se reconstrói e fica como quando o desamor ainda não se fazia presente.

Alguns choram, outros forjam indiferença. Há, ainda, os que se deixam tomar pela rebeldia.

O amor não sobrevive aos sistemáticos caprichos humanos. Ele, um dia, desiste das facetas imaturas da gente.

O amor é exigente e nós, ainda tão amadores na compreensão do amar, insistimos em não dar ouvidos às suas regras.

Resta-nos, então, rendermos à falta de fé, recolher os pedaços de amor espalhados pelo chão e guardá-los numa caixa de recordações.

Mas existe um lugar chamado silêncio. É nele onde o amor se expressa mais audível. É no silêncio onde o amor nasce, morre, renasce.

Ah, o amor realmente não presta! Ele vive onde as pessoas menos gostam de estar: No silêncio.

E aí está uma de suas maiores exigências: aprender a escutar onde, aparentemente, nada há.

MUROS

DIRETAS JÁ: lia no muro o menino sentado no banco traseiro do automóvel. Sua cabeça acompanhava as letras em caixa alta.

Era recém-alfabetizado, gabando-se por conseguir ler placas, pichações e anúncios com a rapidez do movimento.

"Deixe de jogar indiretas, meu filho, fale logo de uma vez", reclamava a mãe, sempre sempre ocupada com as coisas da casa enquanto o menino ciscava ao redor feito pintinho.

Recordava-se do muro com o seu pensamento de menino. Estava certo de que era aquela uma campanha para que os filhos deixassem de "dar voltas" e passassem a agir e falar feito homens: diretos.

Tempos depois, leu através do vidro do automóvel outro muro em movimento: PENA DE MORTE!

Sensível apelo era aquele. "Morte não é coisa boa e devemos ter pena quando alguém se vai", refletia o menino.

Cresceu, trabalhou, pagou impostos, endividou-se para comprar casa e automóvel.

Um dia, quando levava o filho, já quase alfabetizado, à escola, o assaltante foi direto: "DESCE!".

Ficou desesperado ao ver pelo retrovisor o filho dormindo no banco traseiro. Queria negociar, mas, mediante pistola apontada, petrificado, obedeceu.

Foram-se os dois: assaltante e filho adormecido.

Horas depois, o delegado informou à família sobre a morte do menino.

E ao pai, acrescentou: "Uma pena!".

C'EST DOUX

Mabeau é um africano de meia idade que trabalha em uma plantação de cacau na Costa do Marfim desde os cinco anos. Colhe os frutos e seca as sementes. Ganha o equivalente a três euros por dia de trabalho.

Por circunstâncias da vida, Mabeau desconhece para que servem as sementes que prepara e ensaca.

Johannes, um repórter alemão, entrevista Mabeau.

– O senhor sabe para onde vai o cacau?

– Não.

– Sabe o que fazem com as sementes?

– Não, senhor.

– O cacau serve para fazer chocolate, um alimento consumido no mundo todo, senhor Mabeau.

Após a informação, o repórter tira da mochila um tablete que custara quatro euros. Entrega-o ao homem, que rasga o embrulho com uma curiosidade quase infantil.

– Coma um pedaço, Mabeau!

Mabeau parte o chocolate com os dedos e o mastiga com os dentes que ainda lhe restam. Com encantamento, olha para Johannes e diz espantado:

– C´est doux! C´est doux!

O repórter observa: a pele do homem é igual ao chocolate, nem um tom a mais, nem a menos. Sente o olhar radiante do africano, que se regozija, mastigando e repetindo "c´est doux".

O homem oferece chocolate ao repórter que, por educação, aceita um pedacinho.

Johannes, revirando o chocolate na boca, sente todo o amargor do mundo. O fel engolido embaixo do sol africano.

Mabeau segue mastigando. Para ele, chocolate é mesmo só doce.

Remexendo a gaveta da bagunça,
encontro um papelzinho pretérito, já
esquecido, escrito com a minha letra:

"Obrigada, meu Deus!"

E na bagunça da gaveta
encontra-se a esperança.

COMPRAM-SE ENTULHOS

Sentou-se na última poltrona que restava na sala. Seus olhos estavam opacos, com olheiras. Encarou as paredes desnudas e as marcas esbranquiçadas onde, um dia, quadros estavam pendurados.

Acendeu um cigarro. Cerrou os olhos na primeira fumaça expelida. Olhou para o cômodo vazio onde fora a sala de jantar. Bateu a cinza no copo de requeijão com o restolho de café frio. Deu um meio sorriso debochando de si mesmo.

Quando foi que começaram a desabar seus sonhos? Aos 25 anos? Há uns 25 ou 30 anos. Qual o motivo de saber o ano preciso? Nada disso importava mais.

Tirou do bolso as últimas notas. Trocados. Somavam 12 reais. Com um toco de lápis anotou no caderno: 8 reais de cigarros até sexta-feira, sobram 4 reais. Pensou que na geladeira havia macarrão até o dia seguinte. Apagou o cigarro jogando-o dentro do copo.

Teve ímpeto de ir até o quarto onde fora o escritório. Desistiu. Estava vazio. Lembrou-se de que com 4 reais dá para comprar pão, mas não dá para o pó de café. Desanimou-se.

Fechou os olhos e tentou ouvir mentalmente sua música preferida... não se lembrava mais. Onde estava aquele CD? Pois sim, fora vendido ao sebo ordinário, empoeirado.

Quantas idas àquele sebo? Mal se dava conta. A cada dez dias, às vezes duas vezes numa semana. E sua coleção de CD's, assim, foi embora. E sua biblioteca de uns 500 volumes também. Sobraram as estantes vazias e os livreiros.

Ligara então para um anúncio de jornal e despachara os livros, panos de prato, travessas, quadros, roupas de cama, camisas velhas, malas de viagem, talheres, os copos de cristal. Pagou contas atrasadas, abasteceu o estoque de comida barata, cigarros, café, açúcar. Sabonete, lâmina de barbear, escova e pasta de dentes.

"Compra-se ouro", iniciava outro anúncio. Foi a venda mais doída. Colocou sobre o guichê engradeado o relógio de ouro, presente de seu pai. "Não é legítimo!", ouviu. "Sim, é sim", respondeu o homem em desilusão.

"Não é. Tem, por acaso, algum certificado?" Angustiou-se ao sair pela calçada sentindo a ausência no pulso, mas o bolso levava umas 5 ou 7 notas de 50. A dor passou; depois disso, sentia um vazio. Fora ludibriado pelo pai ou pelo comprador? Jamais saberia.

Lembrou-se de que, um dia, vasculhando as gavetas do escritório à procura dos óculos, achou uma folha antiga de papel escrita com sua letra: *Obrigado, meu Deus!* Naquela ocasião, não se lembrou do que havia acontecido no passado para ele ser tão grato. Continuava sem a lembrança.

Riu, sarcástico de si, quando viu que ainda guardava o recorte já amarelado de tantos anos: "Vendem-se: sapatos de bebê, sem uso". E estava ali o início de sua desgraça, um filho que nunca chegou a colocar os pezinhos fora da maternidade, mulher que sumiu após o funeral e a perda do emprego por depressão.

Mandara na época colocar cartazes por todo o bairro: "Desaparecida: Maria Ap. dos Santos" com uma foto da moça em um sorriso metálico frontal. Nada de Maria Aparecida!

Conseguiu, um dia, até divulgar a foto no encerramento do capítulo da novela das nove, na Globo, que anunciava pessoas desaparecidas como estratégia de *marketing* unida a utilidade pública. Nunca ninguém retornou ao telefone indicado e se retornassem agora ouviriam que "este número não existe", pois não havia mais dinheiro para manter a assinatura do telefone.

No quarto de dormir, ainda havia uma cama, escrivaninha, criado-mudo, abajur e guarda-roupa. Na cozinha, geladeira e fogão. Anotou todos os itens no caderno, inclusive a poltrona em que estava sentado.

Sentiu tontura ao pensar no que restava. O suor molhava os cabelos compridos e mal lavados. O azedume do cheiro de sua roupa causou-lhe náusea.

Levantou-se calmo e resignado, atravessou a sala e a porta do apartamento. Desceu os lances de escada, andou firme e lento por todo o quarteirão. O sol forte sobre a cabeça provocava-lhe falta de ar e exaustão.

Parou no telefone público da esquina. Tirou do bolso um recorte de jornal. Lá havia o anúncio:

COMPRA-SE TUDO! MÓVEIS, LOUÇAS, ROUPAS, BRINQUEDOS, ELETRODOMÉSTICOS ETC. PAGO EM DINHEIRO. RETIRO NO LOCAL. LIVRE-SE DOS ENTULHOS!

Esvai-se, assim, a vida de um homem que, para os outros, é entulho.

OCASIÃO ESPECIAL

– Leva este, Jê. É mais bonito, elegante, tem uma cor diferente.

– Você acha mesmo?

– Claro, meu amor! Você precisa de um terno bem cortado, coisa mais fina, entende?

– Tá certo, mas este é para uma ocasião especial.

Jeremias estava para mais de 50 anos. Desde muito jovem, gostava de se trajar com sobriedade, pois era escriturário do único cartório da cidade, o que era um *status* e tanto! Homem trabalhador, regrado, bom pai, bom filho, bom esposo, bom funcionário. Sua boca nunca proferia palavras baixas. Seus ternos eram todos parecidos, as camisas também, mas variavam sutilmente nas cores.

Em casa, Jeremias pediu para que a esposa guardasse o terno novo, bem protegido, no guarda-roupa, afinal não era um terno qualquer: produto de marca e comprado na melhor loja da cidade vizinha. A mulher guardou o terno da maneira que Jeremias havia pedido: cuidadosamente protegido. Ela estava feliz.

...

– Hoje é a formatura da nossa menina, Jê. Usa o terno novo, amor!

– Não, meu amorzinho. Ele é para uma ocasião especial.

– Mas hoje é uma ocasião especial, Jeremias.

– Eu sei, mas ele não é qualquer terno. Eu vou com aquele ali que está ótimo também.

E foram para a formatura da filha. A esposa, um tanto frustrada; Jeremias, satisfeito, pois estava com o terno que ele usa nas reuniões mais importantes do trabalho. Estava vestido à altura da ocasião.

...

Quatro anos depois, casou-se o único sobrinho do casal. O terno seguiu cuidadosamente guardado no armário. Ainda não era a ocasião considerada especial para Jeremias, apesar de estar muito bem vestido naquele dia. A esposa encontrava-se triste, mas forçou um sorriso tão convincente que ninguém chegou perto de perceber a melancolia já impregnada.

Acontece que na vida os anos correm: a filha noivou, Jeremias recebeu condecoração do prefeito, nasceu o primeiro filho do sobrinho. O terno? O terno seguiu no armário.

Em um domingo, enquanto Jeremias lia o jornal na poltrona da sala, a esposa fazia palavras-cruzadas no sofá ao lado, Jeremias fez menção de levantar, hesitou, tentou novamente. Debruçou-se no encosto da poltrona espalmando a mão no peito. Exclamou com uma voz sufocante:

– Mer...!

...

O velório foi quase suntuoso. Foram os empresários mais importantes da cidade. O prefeito também estava presente com esposa e filhos. Mandara, inclusive, uma enorme e valiosa coroa de flores: a primeira a chegar.

No caixão estava Jeremias com o terno novo. Aquele de anos atrás.

A esposa do defunto? Permaneceu calada durante toda a ocasião especial.

Chorava: as cebolas eram fatiadas na lâmina. Aproveitou para chorar as mazelas passadas. Chorou também o futuro. As cebolas tornar-se-iam sopa a borbulhar na panela enquanto o coração ardia.

BIMOTOR

Era um bimotor com oito passageiros e (eu deixaria assim mesmo) tudo indicava que ele cairia, pois um motor entrara em pane. A descida era impressionantemente rápida e barulhenta.

Marcos chorava, segurando a mão da esposa. Recordou-se adolescente com o irmão que não encontrava havia treze anos.

Sofia, esposa de Marcos, ofegante, pensava no filho mais novo, por quem sentia visível antipatia desde que nascera.

José urrava profundo. Preocupava-se com a senha previamente gravada em sua rede social. Sua esposa descobriria as suas infidelidades, desnudando a imagem de homem sério.

Roberto gritava descontrolado. Sentia-se arrependido pela covardia de não ter lutado pelo grande amor.

Júlia fechava os olhos em desespero. Imaginava-se com o rosto desfigurado dentro de um caixão lacrado. As pessoas não teriam a oportunidade de contemplar a sua admirável beleza durante o velório.

Rita calava-se pálida, segurando o braço da cadeira com uma das mãos; a outra apertava o braço de um desconhecido. Pensava em sua má língua que impedira, de propósito, o casamento da irmã mais nova.

Manuel deixava escorrer lágrimas de saudade de sua pátria. Acalentou-se ao imaginar a avó esperando-o do outro lado da vida.

Daniel franzia a testa em fisionomia de horror. Pensava nos tantos bens que seriam distribuídos injustamente, desfavorecendo aos que mais amava.

O piloto desmaiou porque não estava preparado.

O copiloto fez um milagroso pouso de emergência, pois aquela era mesmo a sua vocação.

Será que somos o que aparentamos ser quando chega o derradeiro momento?

Se não, não haverá tempo.

PARA NÃO PERDER NADA

João é bem sucedido, muito bem relacionado e admirado por diversas pessoas.

Além de inteligente, João é prático. Para não perder nada, João aproveitou que tinha uma reunião com um possível cliente e foi visitar a sua irmã que mora no bairro vizinho. Chegou logo após a família ter almoçado e, aproveitando que a irmã é cozinheira de mão cheia, comeu de sua comida.

A mulher sentou-se à mesa junto de João, que respondia mensagens de *e-mail* e *WhatsApp* enquanto conversavam sobre o pai. Os sobrinhos faziam a lição de casa. Estavam felizes com a presença do tio, mas vendo-o muito ocupado, não quiseram incomodar, pois, conforme se sabe, João é ocupado, bem sucedido, bem relacionado.

No final do dia, já que há uma floricultura bem no meio do caminho, lá parou e mandou entregar um buquê de rosas na casa de sua namorada. Estava mesmo na floricultura e, para não perder nada, encomendou, antecipadamente, um arranjo de flores para ser entregue um mês depois na casa de sua mãe, na ocasião de seu aniversário.

Antes de dormir, enquanto falava com a namorada ao telefone, deixou baixinho o televisor no telejornal para dar uma vista nas últimas notícias. Para não perder nada, já que o computador estava ligado, deu uma curtida na foto do possível cliente que visitaria pela manhã.

A namorada falava de uma provável promoção no trabalho e João, enquanto ouvia baixinho o noticiário e após curtir a foto do possível cliente, aproveitou que vestia apenas a cueca e pôs-se defronte ao espelho.

A moça estava entusiasmada com sua ascensão na empresa e ele, para não perder nada, conversava e contemplava a própria imagem, analisando se a academia o estava livrando dos pneuzinhos abdominais que tanto o incomodavam.

No dia seguinte, já que viajaria para outra cidade por conta de uma reunião com um fornecedor, marcou um almoço com Fernando, antigo colega de escola que não encontrava havia trinta anos e que morava na mesma cidade de destino da reunião.

– Fernando, amanhã estou por aí e adoraria revê-lo após tantos anos. Tenho muita saudade. Afinal, fomos os melhores amigos por anos em nossa infância e adolescência. Aproveitarei pra visitar um fornecedor.

– Que ótimo, João. Ando com pouco tempo, mas faço questão de reencontrá-lo. Onde podemos almoçar?

– Podemos nos encontrar, após a minha reunião, às treze horas no bairro... É longe pra você?

– É um pouco longe, mas quero muito encontrá-lo. Conheço um restaurante excepcional lá bem pertinho de onde vai estar.

João estaria livre bem antes das 13 horas, mas, para não perder nada, aproveitaria o tempo em que esperaria Fernando para responder mensagens e leria um relatório que seria usado dez dias depois.

Fernando, no dia seguinte, remanejou os seus horários e compromissos. Despertara mais cedo para resolver alguns negócios por correio eletrônico, remarcou uma reunião com seus funcionários, vestiu-se adequadamente.

Tinha o hábito de almoçar em casa com a família. Explicou à esposa sua felicidade em reencontrar o seu melhor amigo dos tempos pretéritos. Estava também um tanto preocupado porque gostava de buscar a filha na escola. Recebeu incentivo para que fosse tranquilo ao encontro: *Nando, meu amor, vá despreocupado com seu amigo, eu pego Mari no colégio.*

E lá foi Fernando atravessar a cidade para encontrar João. Chegou pontualmente, sentou-se em uma mesa agradabilíssima com vista para o mar, apertou o *silencioso* do aparelho celular e guardou-o no bolso do paletó.

João chegou atrasado porque, para não perder nada, aproveitou para resolver mais umas coisinhas pelo caminho.

Abraçaram-se calorosamente, escolheram seus pratos e bebidas no *menu*.

Durante o almoço, Fernando estava completamente atento à história de vida de João dos últimos trinta anos, repleta de sucessos e agitações. O amigo teve que interromper o discurso algumas vezes para falar ou responder mensagens ao celular, pois João é muito ocupado, bem sucedido e relacionado.

Fernando falou de sua paz em encontrar tão especial esposa. João respondia mensagens enquanto afirmava com a cabeça como quem diz *sim, estou com os olhos aqui, mas entendo o que está falando.*

E assim seguiu o almoço por um pouco mais de duas horas.

Pediram o café e a conta.

– Você não gostaria de passar rapidamente na loja de minha esposa para conhecê-la?

– Adoraria, querido amigo, mas fica pra a próxima. Já que estou aqui, você me daria uma carona ao *shopping* para eu comprar umas roupas?

Já que o amigo estava de carro e João de táxi, *por que não pedir uma carona?*, pensou João.

– Claro! Te deixo onde quiser, João.

Enquanto sorviam o último gole do café, olharam-se demoradamente:

Fernando se transformou num sujeito sem graça, que pena! – pensou João.

Fernando não tinha nada para pensar além de: *Que bom reencontrar João!*

- Que horas são?

- É bem mais tarde do que supõe.

PLANO DE FUGA

O remetente, em carta, escreveu: *Conviver com olhares requer muita concentração, cuidado, refinamento e enquadramento de percepções: respeito pelo campo de visão alheio. Requer paciência e tolerância, quando um olha para o longo prazo e o outro, o chão. Porque a imagem à frente pode levar um à reflexão, o outro à fuga.*

O último parágrafo ainda dizia:

...com você: com quem quero e tanto desejo que conviva com o meu olhar.

O remetente, meses depois, saiu pela porta dos fundos, em meio a uma madrugada escura, quando o silêncio pairava onde se forjava o amor.

Foi-se, deixando outra carta – ambígua – sem dizer que sim, sem dizer que não. Não olhou nos olhos: saiu supondo-se despercebido, escancarando a porta em meio à penumbra. Realizou o seu

plano

de

fu ga.

E o destinatário? Não perdeu tempo:

Cerrou a porta escancarada
(dando duas voltas na chave).

Grupo
Editorial
LETRAMENTO